Comment maîtriser sa jalousie ?

par Hugues Prion Pansius

50MINUTES.fr

COMMENT MAÎTRISER SA JALOUSIE ?   5

À L'ORIGINE DU MAL   7

Comment définir la jalousie ?

Un poison sans sexe

COMMENT SORTIR DE CE CERCLE INFERNAL ?   13

Trouvez le nœud du problème

Ayez confiance en vous !

Ayez confiance en l'autre !

Parlez-en à un spécialiste

Comment rester maître de sa jalousie ?

FAQ   21

Pourquoi suis-je jaloux ?

La jalousie est-elle une preuve d'amour ?

À quel moment la jalousie devient-elle pathologique ?

Les femmes sont-elles plus jalouses que les hommes ?

La jalousie peut-elle s'expliquer par un manque de confiance en soi ?

Quels sont les bons réflexes à adopter pour maîtriser ma jalousie ?

Comment puis-je aider mon conjoint à surmonter sa jalousie ?

POUR ALLER PLUS LOIN   24

COMMENT MAÎTRISER SA JALOUSIE ?

- **Problématique ?** Poussée à l'extrême, la jalousie amoureuse peut entraîner des effets dévastateurs sur un couple. Dès lors, comment apprendre à maîtriser ce sentiment afin de vivre une relation saine et harmonieuse ?
- **Objectif ?** Retrouver confiance en soi et en l'autre.
- **FAQ ?**
  - Pourquoi suis-je jaloux ?
  - La jalousie est-elle une preuve d'amour ?
  - À quel moment la jalousie devient-elle pathologique ?
  - Les femmes sont-elles plus jalouses que les hommes ?
  - La jalousie peut-elle s'expliquer par un manque de confiance en soi ?
  - Quels sont les bons réflexes à adopter pour maîtriser ma jalousie ?
  - Comment puis-je aider mon conjoint à surmonter sa jalousie ?

> « Il n'est rien comme la jalousie pour absorber un être tout entier. » (KUNDERA (Milan), *La Lenteur*, Paris, Gallimard, 1997)

Thème récurrent en littérature et souvent exploité au cinéma, la jalousie amoureuse, lorsqu'elle devient maladive, est synonyme de souffrance pour celui qui la ressent, mais aussi pour la personne qui la subit. Les effets sont d'ailleurs souvent dévastateurs pour la pérennité du couple.

> « Je ne vivais plus ; j'étais rongée de l'intérieur, persuadée que l'homme que j'aimais me trompait ou allait tôt ou tard passer à l'acte. Je savais qu'il avait eu de nombreuses aventures sans lendemain avant de me rencontrer. C'était un séducteur, et il plaisait à beaucoup de femmes.

> Du coup, lorsqu'il sortait avec ses amis, je ne pouvais pas fermer l'œil
> de la nuit, et, dès qu'il rentrait, je l'assommais de questions. Quand il
> avait le dos tourné, je fouillais ses poches ou je vérifiais son portable,
> convaincue que j'allais trouver la preuve irréfutable de son infidélité.
> En même temps, je m'en voulais car je me rendais compte que je l'étouf-
> fais et que cela le rendait fou. Il avait beau me répéter qu'il m'aimait,
> mes craintes subsistaient ! » (Isabelle, 43 ans)

Tout est dit dans ce témoignage ou presque. Sentiment d'abandon, d'insécurité et de culpabilité, peur de perdre l'être aimé sans fondement véritable, faible estime de soi, autant de symptômes qui trahissent un profond mal-être et qui, chez les personnes jalouses de nature, susciteront des angoisses psychologiques susceptibles d'évoluer en paranoïa, voire, dans les cas extrêmes, d'engendrer des épisodes violents.

À travers plusieurs témoignages, nous tenterons de comprendre les mécanismes qui sous-tendent cette émotion et fournirons des pistes pour vous apprendre à mieux la gérer afin de vivre sainement votre relation de couple.

À L'ORIGINE DU MAL

COMMENT DÉFINIR LA JALOUSIE ?

Le dictionnaire *Larousse* définit la jalousie comme « le sentiment fondé sur le désir de posséder la personne aimée et sur la crainte de la perdre au profit d'un rival ». En d'autres termes, une personne jalouse est horrifiée à l'idée de ne plus « posséder » l'autre, et l'idée de le perdre lui est insoutenable. S'il est évident que le terme « possession » n'est synonyme ni d'amour ni de respect de l'autre, nombreux sont les conjoints possessifs qui affirment avec ferveur aimer et chérir leur moitié plus que tout au monde.

À ces notions, la psychothérapeute Charlotte Laplace rajoute un concept propre à la jalousie amoureuse qu'elle juge fondamental pour comprendre cette émotion : la « séduction supposée ». Pour cette spécialiste, nous sommes jaloux car nous imaginons que notre partenaire est séduit par une tierce personne. Bien souvent, nous pensons que celle-ci possède des attributs ainsi que des qualités que nous ne pouvons lui offrir, et que ce sont précisément ces éléments que notre conjoint recherche. À cela s'ajoute également la notion de doute, car la personne jalouse souffre d'un manque évident de confiance en elle.

« Lorsque j'avais 35 ans, j'étais très amoureux d'une jeune femme de 28 ans. Après quelques mois d'une relation fusionnelle et passionnelle, je me suis surpris à devenir terriblement jaloux. Elle était très belle et tous les hommes lui tournaient autour. J'étais persuadé qu'un jour ou l'autre, elle allait me tromper. J'ai commencé à fouiller dans son agenda, son téléphone et son ordinateur. Je ne supportais qu'elle sorte sans moi et la voir rentrer plus tard que prévu me rendait fou. Si j'avais pu l'enfermer, je l'aurais fait ! C'était atroce car je souffrais énormément et j'avais beau me dire que c'était ridicule, c'était plus fort que moi ! Je me considère pourtant comme quelqu'un de confiant : j'ai un excellent job et je gagne très bien ma vie. J'ai compris par la suite que ce sentiment était la conséquence des complexes personnels : je me trouvais trop petit et pas spécialement beau. J'étais donc convaincu qu'un jour elle s'en irait avec un bel étalon. Ma jalousie est devenue tellement excessive que je lui rendais la vie impossible et elle m'a finalement quitté au bout de deux ans. » (Loïc, 48 ans)

En doutant constamment de nous, nous amenons notre partenaire à adopter la posture de celui qui rassure. Mais, lorsque ses paroles ne suffisent plus et que nous ne parvenons pas à nous raisonner, nous tentons alors de contrôler les actions de notre conjoint, ce qui risque de rendre notre relation de couple rapidement insupportable. Pour sortir de cet engrenage, la rupture apparaît comme la seule et unique solution pour mettre fin à cet emprisonnement. Notre témoin Loïc l'a appris à ses dépens.

Dans des cas extrêmes, la jalousie peut atteindre le stade de la paranoïa. Pour Alain Krotenberg, psychiatre membre de l'Association française de la thérapie comportementale et cognitive, la jalousie relève de cette psychose. Or, un paranoïaque est persuadé d'avoir toujours raison donc, s'il pense que l'autre souhaite le tromper, il ne pourra détacher cette idée de son esprit, et ce malgré les efforts de son conjoint.

Cinq notions sont liées à la jalousie amoureuse :

- la relation triangulaire (il peut exister plusieurs rivaux ou rivales) ;
- la séduction supposée ;
- le désir de possession ;
- la peur de perdre l'être aimé ;
- le manque de confiance en soi.

UN POISON SANS SEXE

La jalousie n'a pas de genre : ce sentiment destructeur touche indifféremment les hommes et les femmes. Mais l'un et l'autre ne vivent pas leur jalousie de la même manière et ne réagissent donc pas de façon identique. Si, la plupart du temps, l'homme jaloux voit dans l'adversaire potentiel une menace pour sa virilité, la femme, elle, redoute davantage l'abandon et considère la gent féminine comme autant de séductrices susceptibles de détourner son partenaire du droit chemin. « Chez les femmes, précise Alain Krotenberg, la jalousie révèle un comportement hystérique et dépressif tandis que chez les hommes, elle a un caractère paranoïaque et obsessionnel, ce qui la rend plus difficilement guérissable. » (GANNAC (Anne-Laure), « Sortir du cercle infernal de la jalousie ! », in *Psychologies.com*)

La femme jalouse se demande si son conjoint l'aime vraiment pour ce qu'elle est. Si elle a des doutes sur la fidélité de son conjoint, elle cherchera des preuves matérielles : odeur de parfum sur les habits, petits mots doux dans les poches, SMS sur le téléphone portable ou message sur la boîte e-mail. Au moindre indice, elle pleure et gronde en menaçant. Elle se montre le plus souvent prête à rencontrer sa rivale et tente de la dévaloriser aux yeux de son partenaire. Enfin, elle n'hésitera pas à quitter celui qu'elle aime sans aucune justification.

L'homme jaloux, quant à lui, redoute qu'un adversaire le « dépossède » de l'être aimé. Pour confirmer ses doutes, il inspecte l'apparence de sa partenaire, cible une coquetterie qui pourrait lui sembler inhabituelle et contrôle son emploi du temps. S'il décèle des changements, il lui fait des remarques et la bombarde de questions. Il cherche à limiter son autonomie et à l'isoler de son cercle d'amis et de sa famille. S'il pense détenir une preuve de trahison, il peut devenir violent psychologiquement (humiliation) ou physiquement. Mais, au contraire de la femme jalouse, il n'envisagera pas de la quitter.

« Mon homme est terriblement jaloux. Je lui ai dit plusieurs fois que je n'en pouvais plus de ses interrogatoires permanents sur mon emploi du temps et de ses coups de colère lorsque je ne répondais pas immédiatement à ses SMS. Il lui est même arrivé de me reprocher mes tenues vestimentaires qu'il jugeait trop provocantes. Ce qui m'énerve le plus, c'est qu'il me répète qu'il est jaloux parce qu'il m'aime et qu'il tient à moi ! Il ne comprend pas que je me sente de plus en plus enfermée dans ses délires et que, s'il continue, je vais rompre, car cette relation m'étouffe. J'en suis même arrivée à mentir sur mes fréquentations de peur de ses réactions ! » (Élise, 26 ans)

Le plus dramatique dans cette situation c'est qu'en fin de compte les deux parties souffrent et subissent ce sentiment qui fragilise leur couple. Bien entendu, si la jalousie touche aussi bien les hommes que les femmes, elle n'est pas non plus une affaire de classe. Peu importe sa condition sociale, tout le monde peut un jour se retrouver dans cette situation.

Maintenant que le concept apparaît plus clairement, dégageons quelques pistes pour vous aider à comprendre les éléments déclencheurs de la jalousie :

- **le manque d'estime de soi.** Derrière la jalousie maladive se cache un profond sentiment d'insécurité qui trouve bien souvent son origine dans l'enfance (un manque d'affection parentale, la perte du statut de privilégié à la naissance d'un frère ou d'une sœur, etc.) ;
- **l'idéalisation de l'autre.** Mettre son conjoint sur un piédestal et considérer qu'il est tellement exceptionnel qu'inévitablement il séduit tout le monde peut se révéler dangereux. Une étude de la Colgate University à New York a d'ailleurs démontré que l'idéalisation de son partenaire nuit au couple et peut faire naître un manque de confiance en soi ;
- **le désir de posséder l'être aimé.** Dans l'esprit du jaloux, l'autre est sa « propriété », sa « chose ». Dès lors, la peur de perdre ce qu'il croit posséder est anxiogène. Or, répétons-le, aimer, ce n'est pas posséder !
- **la peur d'être abandonné.** La crainte de se retrouver seul est vécue de manière insupportable. La jalousie peut ainsi renvoyer à la terreur qu'éprouve l'enfant de se voir abandonné par ses parents. Cette anxiété peut engendrer une dépendance affective vis-à-vis du partenaire : tel un oiseau tombé du nid, la personne jalouse se demande ce qu'elle deviendra sans l'autre et se répète inlassablement la terrible sentence : « Sans toi, je ne suis plus rien ! » ;
- **la projection des désirs inconscients d'infidélité.** Certains psychanalystes considèrent la jalousie comme un reflet du désir inconscient de tromper l'autre. Ce sentiment pourrait donc résulter de la volonté d'être infidèle, envie qui serait alors projetée sur le partenaire. Ce désir se trouve exacerbé si la personne jalouse a déjà été volage par le passé.

La jalousie apparaît donc davantage comme un problème personnel lié à l'individu qui la ressent qu'une pathologie de couple. Selon la psychologue Michelle Larivey, « ce que nous faisons à partir de ces réactions intérieures est, en réalité, une tentative d'utiliser notre partenaire pour contourner ou neutraliser notre conflit intérieur » (LARIVEY, (Michelle), « La jalousie amoureuse », in *Redpsy.com*).

COMMENT SORTIR DE CE CERCLE INFERNAL ?

TROUVEZ LE NŒUD DU PROBLÈME

La jalousie n'est pas une fatalité, et la dissiper ne relève pas de l'utopie. En effet, il est possible d'apprendre à la contenir et à la maîtriser pour qu'elle ne nuise plus à vos relations amoureuses.

TEST : COMPRENDRE SA JALOUSIE

Avant tout, il est très important de reconnaître votre jalousie et d'identifier précisément son origine afin de trouver les réponses adéquates pour vous en sortir. Répondez le plus honnêtement possible à la série de questions suivantes. En apprenant à mieux vous connaître, vous serez capable de réagir de façon plus rationnelle.

- À quand remonte votre dernière crise de jalousie ? Quel en a été l'élément déclencheur ?
- Éprouvez-vous de la jalousie dans chacune de vos relations amoureuses ? Cela se manifeste-t-il avec la même intensité ?
- Comment se traduit concrètement votre jalousie ? À quelle fréquence survient-elle ?
- Avez-vous des raisons objectives d'être jaloux ? Si oui, lesquelles ?
- Avez-vous le sentiment d'avoir été abandonné dans votre enfance ? Vos parents formaient-ils un couple uni ?

Si vous doutez encore de votre degré de jalousie, il existe de nombreux tests sur la Toile qui pourront vous éclairer. Il convient toutefois de faire la part des choses : la jalousie occasionnelle n'est pas dramatique. Ce sentiment devient problématique lorsqu'il est récurrente et maladif, c'est-à-dire lorsque l'idée d'être trompé se transforme en obsession. Si vous en êtes arrivé à ce stade, il semble indispensable d'entamer un travail sur vous pour comprendre l'origine de ces angoisses et développer des mécanismes qui vous aideront à gérer ce sentiment. D'une manière générale, apprenez à vous accepter avec vos qualités et vos défauts. Personne n'est parfait et votre partenaire non plus. Nous l'avons vu, la jalousie n'est pas un problème de couple, mais un problème personnel. La thérapie à deux s'avère donc inutile, du moins, dans un premier temps.

Le comportement d'une personne jalouse est facile à déceler car il traduit une crainte permanente et obsessionnelle d'être trahi et quitté. Dès lors, tentez d'identifier autant que possible les situations sociales qui font naître en vous de la jalousie.

AYEZ CONFIANCE EN VOUS !

Entretenez vos passions

Le manque d'estime de soi est probablement l'une des origines les plus connues et les plus fréquentes de la jalousie. La personne qui en souffre se sent indigne de l'amour de son partenaire. Elle est persuadée qu'il ne reste avec elle que par pitié ou dépit, et non par amour ou par désir.

Prendre conscience de ses défauts et de ses qualités est donc primordial pour avancer dans la bonne direction. Acceptez-vous tel que vous êtes ! Selon le psychiatre Christophe André, améliorer son estime de soi rendrait moins dépendant :

> « On n'a pas besoin de l'autre pour se sentir exister, pour sentir qu'on a en soi de la valeur, précise-t-il. On choisit donc davantage ses partenaires sans s'accrocher à eux. [L'estime de soi] permet aussi de s'engager avec plus de confiance [dans son couple]. Certains s'estiment si peu qu'ils verrouillent leurs rapports aux autres et préfèrent ne pas avoir de vie sentimentale plutôt que d'en souffrir. » (COLIN-SIMARD (Valérie), « Christophe André : les troubles de l'estime de soi sont en pleine progression », in *Psychologies.com*)

Afin de retrouver confiance en vous, commencez par cultiver vos passions. Inscrivez-vous, par exemple, à un club sportif, impliquez-vous dans une activité créative ou de développement personnel, comme la peinture ou le théâtre. Agissez comme le ferait une personne confiante. Osez prendre des décisions comme si vous débordiez d'assurance : vos sentiments rattraperont vos actions. Enfin, appropriez-vous l'adage « *Mens sana in corpore sano* » (« Un esprit sain dans un corps sain »).

> « À une époque, je travaillais à mi-temps et j'avais donc beaucoup de temps libre. Mon mari était très absorbé par son emploi et, plusieurs fois par semaine, il ne rentrait pas avant 21 heures à la maison. Très vite, j'ai imaginé qu'il entretenait une liaison et cette idée m'est devenue insupportable. D'autant plus que nos échanges se faisaient de plus en plus rares : quand il revenait du boulot, il semblait toujours trop fatigué et passait sa soirée devant la télévision. Je suis pourtant une personne rationnelle, mais je devenais folle, car j'étais rongée par la jalousie et je m'inventais mille scénarios. À la moindre occasion, je fouillais dans sa mallette, consultais son agenda en cachette ou j'espionnais son compte Facebook et observais qui, parmi ses amies, mettaient régulièrement

la mention "J'aime" sur ses photos. Me voyant perdre le contrôle, ma mère m'a conseillé de reprendre une activité sportive pour pouvoir me défouler. Comme j'avais beaucoup joué au tennis dans ma jeunesse, j'ai décidé de m'inscrire dans un club. J'allais m'entraîner plusieurs fois par semaine, et là, le miracle s'est produit. J'ai oublié cette jalousie qui m'empoisonnait la vie, je me suis sentie plus sereine et sûre de moi et notre couple a pris un nouveau départ. Aujourd'hui, je lui fait confiance à nouveau. » (Inès, 46 ans)

Ne vous comparez pas aux autres

Cessez de vous mesurer à vos rivaux imaginaires. Se comparer aux autres est la principale source du manque de confiance en soi et de la jalousie. Chaque personne est unique et suit son propre parcours. Il est donc nécessaire que vous construisiez une image positive de vous-même. Pour ce faire, observez le chemin parcouru dans votre vie et soyez-en fier ! N'oubliez pas qu'on ne peut pas plaire à tout le monde alors n'essayez pas de devenir quelqu'un d'autre. Tentez plutôt d'améliorer vos qualités et cessez de vous focaliser sur vos défauts. Votre épanouissement personnel ne dépend que de vous.

AYEZ CONFIANCE EN L'AUTRE !

Cultivez votre jardin secret

La jalousie se traduit souvent par un sentiment d'inquiétude. Nous remettons alors en question la confiance que nous accordons à autrui, mais aussi à nous-même. Si la communication est indispensable pour qu'un couple perdure, la confiance l'est tout autant. Si vous pouvez vous fier à votre conjoint, la jalousie n'a plus lieu d'être. Pour autant, cela ne signifie pas que la relation doit être basée sur une transparence absolue. Tout se dire n'est pas une solution et pourrait même engendrer de nouveaux problèmes. Comme le souligne Dominique Foucart, psychothérapeute et médiateur chez

Interactes, il est important de préserver son jardin secret, mais aussi celui de l'autre. « Faire confiance, c'est apprendre à ne pas demander à l'autre de comptes sur ce qui lui appartient. Le questionner à ce sujet [reviendrait à manger] le fruit de l'arbre de la connaissance du Bien et du Mal : une telle connaissance nous condamne à la solitude et à la souffrance. » (« Le secret de la confiance, c'est le secret... », in *Psy.be*)

Développez votre autonomie

N'en demandez pas trop à l'être aimé. Il est important dans un couple que les deux partenaires aient leurs propres activités et soient autonomes. Chacun peut, de cette manière, se construire, forger ses opinions et vivre ses passions. Cultivez votre jardin secret et voyez régulièrement vos amis. Vos activités respectives alimenteront les conversations de votre couple.

N'oubliez pas qu'une relation c'est avant tout vivre une histoire commune. Veillez donc à vous ménager des moments de complicité, sources de bonheur et d'épanouissement mutuel. Vous pouvez par exemple inscrire dans un carnet les sorties et les expériences que vous souhaiteriez partager avec votre moitié (restaurant, voyage, etc.), et lui demander d'en faire de même.

Prenez du recul

Lorsque vous sentez que la jalousie vous rattrape, ne réagissez pas de manière destructrice en accusant votre partenaire à tort et à travers, en vous enfermant dans le mutisme ou encore en disséminant des allusions sarcastiques. Au contraire, prenez du recul et agissez comme une personne ayant confiance dans son couple.

Adoptez une vision optimiste des autres

L'une des composantes principales de la jalousie est la peur. N'envisagez pas systématiquement en l'autre comme l'ennemi juré qui vous volera votre conjoint. Dites-vous que tout le monde a le droit au bénéfice du doute. Soyez donc optimiste avec votre prochain, mais aussi avec vous-même. Vous verrez que votre perception de la vie changera naturellement. De plus, vous développerez une vie sociale plus enrichissante, car les optimistes attirent irrémédiablement les gens.

PARLEZ-EN À UN SPÉCIALISTE

Enfin, si vous sentez que vous ne parvenez pas à maîtriser seul votre jalousie, n'hésitez pas à consulter un spécialiste. Demander de l'aide n'est pas un signe de faiblesse, au contraire ! L'analyse objective et sans a priori d'un professionnel confronté quotidiennement à cette problématique peut se révéler très utile. Il vous aidera à identifier les causes de votre jalousie, mais surtout il vous livrera les armes nécessaires pour lutter contre cette émotion qui vous ronge de l'intérieur. En matière de comportement amoureux, ce n'est qu'en ciblant l'ensemble des questions à se poser et en déterminant un plan d'action approprié que vous pourrez avancer dans la bonne direction. Réaliser un travail préalable sur vous reste nécessaire pour notamment prendre conscience que votre partenaire ne vous appartient pas.

COMMENT RESTER MAÎTRE DE SA JALOUSIE ?

Vous pensez avoir surmonté votre jalousie grâce au travail que vous avez réalisé sur vous-même ou grâce à une thérapie ? Bravo ! La prochaine étape est d'éviter absolument qu'elle ne resurgisse à la moindre occasion. Retenez cette phrase de William Shakespeare (1564-1616) : « La jalousie est un monstre qui s'engendre lui-même et naît de ses propres entrailles. » (LAROCHE (Benjamin), *Œuvres complètes de Shakespeare. Volume 1, p 412*) Détruisez le monstre une fois pour toutes ! Pour cela, veillez à :

- **garder en mémoire le travail accompli sur vous-même.** Il serait dommage de tout gâcher pour une simple suspicion ;
- **préserver votre autonomie.** Continuez à vous épanouir dans vos activités personnelles et dans vos passions ;
- **communiquer avec votre partenaire.** Les non-dits sont source de frustration et de malentendus. La communication est une composante fondamentale pour le bien-être et la pérennité d'un couple ;
- **écouter les conseils de vos proches.** Ils vous aiment et possèdent une distance de jugement dont vous ne disposez pas toujours ;
- **éviter de laisser libre cours à votre imagination et à votre impulsivité.** Attachez-vous aux faits concrets et non à vos suspicions et attendez d'être calme pour entamer toute discussion.

Ce qui importe en fin de compte n'est pas tant de guérir totalement de sa jalousie, mais de pouvoir la maîtriser afin de ne plus en souffrir et de ne plus tourmenter l'autre. Vous pourrez alors vous épanouir pleinement dans votre vie de couple. La balle est dans votre camp !

FAQ

POURQUOI SUIS-JE JALOUX ?

S'il est difficile d'avancer des théories générales et universelles quant aux origines et aux causes de la jalousie, certains symptômes reviennent assez fréquemment. Ainsi, le manque d'estime de soi, l'insécurité affective – due, par exemple, à un traumatisme dans l'enfance –, la peur de l'abandon ou encore la projection de ses propres désirs d'infidélité sont autant de raisons pouvant expliquer la jalousie pathologique.

LA JALOUSIE EST-ELLE UNE PREUVE D'AMOUR ?

Non ! La jalousie peut se révéler un signe de bonne santé du couple uniquement lorsqu'elle est le prolongement d'un jeu de séduction. En revanche, quand elle est pathologique, la jalousie n'est absolument pas une preuve d'amour. Au contraire, comme l'écrivait La Rochefoucauld (1613-1680), « [i]l y a dans la jalousie plus d'amour-propre que d'amour » (*Réflexions ou Sentences et Maximes morales*, 1664, 324). Il est évident que toute idée de possession de l'autre n'est pas compatible avec un amour véritable. Enfermer son partenaire dans une prison, l'étouffer de questions soupçonneuses et finalement lui ôter une partie de sa liberté n'entraîneront que des effets dévastateurs sur le couple.

À QUEL MOMENT LA JALOUSIE DEVIENT-ELLE PATHOLOGIQUE ?

La jalousie est dite pathologique lorsqu'elle devient obsessionnelle et provoque une tension constante au sein du couple. Elle engendre alors une importante souffrance chez le jaloux maladif pour qui le moindre élément prouve la culpabilité de l'autre, mais aussi chez la personne qui en est l'objet.

LES FEMMES SONT-ELLES PLUS JALOUSES QUE LES HOMMES ?

La jalousie touche autant les hommes que les femmes. Elle revêt toutefois souvent des formes plus aiguës chez l'homme. Si, la plupart du temps, l'homme jaloux perçoit l'adversaire comme une menace pour sa virilité, la femme redoute plutôt l'abandon et peut considérer la gent féminine comme autant de rivales susceptibles de détourner l'être aimé du droit chemin.

LA JALOUSIE PEUT-ELLE S'EXPLIQUER PAR UN MANQUE DE CONFIANCE EN SOI ?

Oui, mais pas seulement. À l'origine de la jalousie maladive, on retrouve toujours un déficit important de confiance en soi couplé à un sentiment d'insécurité. Pour vaincre cette émotion, vous devez accepter ce que vous êtes, mais aussi ce que vous n'êtes pas. Il est possible de cultiver votre estime de soi en vous investissant dans vos passions ou encore en vous impliquant dans diverses activités créatives, sportives ou de développement personnel. Allez vers les autres et multipliez les nouvelles expériences de vie.

QUELS SONT LES BONS RÉFLEXES À ADOPTER POUR MAÎTRISER MA JALOUSIE ?

Reconnaître votre pathologie et accepter que vous en souffrez est essentiel. Tentez ensuite de découvrir les motifs de votre jalousie, soit en optant pour une approche introspective de votre conscience et de votre passé, soit en ayant recours à une psychothérapie. Vous pourrez ainsi déterminer l'origine de vos peurs et apprendre à apprivoiser vos instincts possessifs ainsi que vos réactions exces- sives. En tout état de cause, cessez de vous torturer et apprenez à accorder votre confiance à votre partenaire. Dès lors, interdisez-vous de fouiller dans les affaires de votre conjoint ou de le harceler de questions à chacun de ses mouvements. Pour sortir de cet emprisonnement psychologique que représente la jalousie maladive, travaillez sur votre estime de soi. La personne jalouse doit avoir conscience que le couple qu'elle forme avec l'autre est à chaque fois unique. En outre, la psychanalyste Michèle Montrelay invite les personnes souffrant de ce type de maux à rencontrer celui ou celle qu'elles estiment être son rival afin de mettre un visage et un corps sur un individu qui était jusqu'alors imaginaire.

COMMENT PUIS-JE AIDER MON CONJOINT À SURMONTER SA JALOUSIE ?

Vous pouvez essayer d'éviter autant que possible d'immiscer le doute dans son esprit, et ainsi commencer à lui redonner confiance. Veillez également à l'encourager à prendre plus d'autonomie en le poussant à s'investir dans des activités qui lui tiennent à cœur afin qu'il se libère de la dépendance affective dont souffrent bien souvent les personnes jalouses.

POUR ALLER PLUS LOIN

SOURCES BIBLIOGRAPHIQUES

- ANDRÉ (Christophe), *Imparfaits, libres et heureux*, Paris, Odile Jacob, 2006.
- ASANA (Louise), « Quand la jalousie devient maladie ! », in *Doctissimo.fr*, consulté le 2 août 2015.
  http://www.doctissimo.fr/html/psychologie/mag_2004/mag0102/ps_7327_jalousie_pathologiqu.htm
- AYOUN (Monique), « Secrets et mensonges de la jalousie », in *Psychologies.com*, consulté le 2 août 2015.
  http://www.psychologies.com/Couple/Crises-Divorce/Jalousie/Articles-et-Dossiers/Secrets-et-mensonges-de-la-jalousie/7
- COLIN-SIMARD (Valérie), « Christophe André : les troubles de l'estime de soi sont en pleine progression », in *Psychologies.com*, consulté le 7 août 2015
  http://www.psychologies.com/Moi/Se-connaitre/Estime-de-soi/Articles-et-Dossiers/Retrouver-et-garder-l-estime-de-soi/Christophe-Andre-Les-troubles-de-l-estime-de-soi-sont-en-pleine-progression
- FAURE (Christophe), « Couple : sortir de la dépendance affective », in *L'Express.fr*, consulté le 4 août 2015.
  http://www.lexpress.fr/styles/psycho/couple-sortir-de-la-dependance-affective_1555567.html
- FOUCART (Dominique), « Le secret de la confiance, c'est le secret... », in *Psy.be*, consulté le 4 août 2015.
  http://www.psy.be/couple/fr/problemeencouple/secret-confiance.htm

- GANNAC (Anne-Laure), « Sortir du cercle infernal de la jalousie ! », in *Psychologies.com*, consulté le 6 août 2015.
  http://www.psychologies.com/Couple/Crises-Divorce/Jalousie/Articles-et-Dossiers/Sortir-du-cercle-infernal-de-la-jalousie
- LAOT (Jean-Michel), *Napoléon et Joséphine. Correspondance, lettres intimes*, Paris, SPM, 2012
- LAROCHE (Benjamin), *Œuvres complètes de Shakespeare. Volume 1*, Paris, Éditeur de la Bibliothèque d'Élite, 1842, p 412
  https://books.google.be/books?id=nBBJAAAAcAAJ&pg=PA412&lpg=PA412&dq=la+jalousie+est+un+monstre+qui+s%27engendre+lui-m%C3%AAme+et+na%C3%AEt+de+ses+propres+entrailles&source=bl&ots=sdTNWNuMtU&sig=PZ3CKco8-9bzY6HvyT0BysbXu2Q&hl=fr&sa=X&ved=0CE8Q6AEwCWoVChMI-7POuZXRyAIVglUUCh2whwOm#v=onepage&q=la%20jalousie%20est%20un%20monstre%20qui%20s%27engendre%20lui-m%C3%AAme%20et%20na%C3%AEt%20de%20ses%20propres%20entrailles&f=false
- LARIVEY, (Michelle), « La jalousie amoureuse », in *Redpsy.com*, consulté le 6 août 2015.
  http://www.redpsy.com/infopsy/jalousie.html
- PAPAS (Stéphanie), « Why you shouldn't put your partner on a pedestal », in *Livescience.com*, consulté le 17 août 2015.
  http://www.livescience.com/44980-partner-on-pedestal.html
- SOLANO (Catherine), « Jalousie en couple, quelles en sont les causes ? » in *E-sante.be*, consulté le 10 août 2015.
  http://www.e-sante.be/jalousie-en-couple-quelles-en-sont-causes/actualite/1340
- SOUCHAN (Marianne), « La jalousie a-t-elle un sexe ? », in *Doctissimo.fr*, consulté le 2 août 2015.
  http://www.doctissimo.fr/html/psychologie/mag_2001/mag1214/ps_4900_jaloux_sexe.htm

SOURCES COMPLÉMENTAIRES

- Borrel (Marie), *81 façons d'en finir avec la jalousie*, Paris, Guy Trédaniel Éditeur, 2002.
- Deleuze (Catherine), *Problèmes de cœur, questions d'amour*, Paris, Albin Michel, 2012.
- Guernier (Béatrice) et Rousseau (Agnès), *Vaincre la jalousie*, Paris, L'Harmattan, 2004.
- Jardin (Philippe), *L'amour dans la haine ou la jalousie dans la littérature moderne*, Genève, Droz, 1990.
- Lagache (Daniel), *La jalousie amoureuse*, Paris, PUF, 2008.
- Malach Pines (Ayala), *La jalousie amoureuse*, Paris, Osman Eyrolles Multimedia, 2000.
- Sissa (Giulia), *La jalousie, une passion inavouable*, Paris, Odile Jacob, 2015.

LE FILM À VOIR

- *L'enfer*, film de Claude Chabrol, avec François Cluzet, Emmanuelle Béart et Marc Lavoine, 1994.
  Ce film dresse un portrait très réaliste du jaloux pathologique et met en lumière les effets dévastateurs de ce sentiment sur la santé mentale du protagoniste.

Éditeur responsable : Lemaitre Publishing
Avenue de la Couronne 382 | B-1050 Bruxelles
info@lemaitre-editions.com

ISBN ebook : 978-2-8062-7134-1
ISBN papier : 978-2-8062-7135-8
Dépôt légal : D/2015/12603/495
Couverture : © Lisiane Detaille